杨军 著｜上海文艺出版社

序

　　如果没有书，在古代传授知识这类活计就会变得可疑，发展得好它会成为一门宗教，发展得不好就是邪说。虽然苏格拉底是我们心目中的圣徒，但我们对苏格拉底仍有不满，因为他没有著述。因为最伟大的言说也有飘乎不定的性质，而且口语支离破碎，容易被它的反对者钻了空子。

　　所以要有书。

　　今天我们说的书是那种有着性感的触觉、书页从指间温柔滑过时会发出哗哗的动听声音，火，经常是火，充当它的觊觎者和毁灭者的延续了几千年的一种文明媒介，而不是新近问世的扁平的电子屏幕。在我们这样一个时代，一个因变化剧烈而显得不连贯的时代，书这样的事物也被迫带上了脚注，因为日新月异的高科技随时准备肃清一切，包括吞没于战火的世界上最早的图书馆亚力山大图书馆的传统书。微博时代的来临，书写更是成了这样一样事物：智慧被碎片化、观点被复数化，知识，不再是精英分子的专擅；而虚拟，也获得了前所未有的尺度。

　　可以这样说，在今天，在我们这个社会里，平庸是要精打细算的，因为每个人都借由电子媒介成了有能力的创造者。博客、微博使出版变得平民化，几乎每天，我们都可以从中看到从未有过的创造力，有人在写，有人在拍，有人在画，有人在做，有人在行走，有人在否定，有人在转身，风尚刚刚被确立就被翻去了——创作一种事物变得容易，而维持一种事物变得困难起来——这个新得让人来不及观看的世界虽然令人焦虑，在变化方面也显得无情，但在激发人的创造力方面却取得了前所未有的成效——我们从未看到这样多的作家、艺术家和创造者。

　　意大利作家艾柯曾在巴黎新居迎来他敬仰的阿根廷作家博尔赫斯，当艾柯为他杂乱的新居表示抱歉时，这个双目失明的老人不动声色地安慰他："我理解，这是草稿。"

我们也多想这样说："不要慌张，不必激动，这是草稿。"这的确是一个草稿的时代： 所有的一切都还没来得及确立起纪律和权威，但每个角落都充满灵感和创造的活力。尤其是当我们看到那些年轻人用自己的生花妙笔写下那些真诚缤纷的句子、用颠覆性的线条观察和描述意义多重的世界、用自己杰出的手工表达对生活的尊崇和热爱，当这些年轻人羞怯、兴奋、煽动、彷徨时，我们像他们一样羞怯、兴奋、煽动、彷徨。我们不由得觉得一个新时代已经来临了： 创作和出版变得平民化的时代已经来临。一个人人可以既是读者又是作者的双重身份的时代正在来临。

　　于是有了我们这套"+21"文丛。

　　在微博时代有可能将智慧和写作习惯碎片化的情势下，我们这套"+21"将担负起一种挽救。或者拯救。

　　事实上这套正在问世的"+21"文丛就是一群年轻人创作的草稿： 新鲜、多样、个性、独创、前所未有、可以随时被自我否定(内容涵盖文学、艺术、生活等各个方面)。在这些新兴的书中，我们允许混乱，但必定有新知；我们允许荒诞，但必定有锐利；我们允许矛盾，但绝不能重复。可以这样说，"+21"是我们为年轻人量身定制的丛书——21，一个有着多重意义的数字，它既是我们假想中这套丛书的作者和读者的大致年龄数，也是一个具有时代性的数字(21世纪)、文丛出版地上海这个城市的区号，当然，它更是我们灵魂的重量——美国有科学家称人的灵魂重21克。——每个年轻的躯体都有一颗善感沉坠的+21心灵。

　　"+21"将在这个传统书没落的时代创造一份阅读的奇迹。

2012年2月4日

minority design
小众设计

当人群成为一个越来越大的集合词时，越来越多的人以各种努力使自己被区分出来，从服饰、兴趣、阅读到设计——哪里有人群的压迫，哪里就有个人的对抗。

小众设计师也许是这样一些先锋：他们独立于市场这个势利而无往不胜的暴君，以微弱的一己之念来对抗平庸的生活。他们设计的东西也许荒诞不经，也许奢侈浪费，也许孤独无人回应，但是个人出版也好，机械玩具也好，复古服饰也好，都是一种对这个因人与人相互模仿复制而显得混沌的世界的反抗。他们创造出了自己的声线，无人可以模仿。

minority
designers

三位小众设计师

Shanghaiview 姜庆共

EGGCORE 王心磊

CRANE
STUDIO 李登廷

姜庆共

姜庆共
1960年代生于上海，自由撰稿人，平面设计师。
2005年开始独立策划出版"Shanghai View"上海文化
系列丛书。

16

矮闶门 half doo

信

《上海里弄文化地图：石库门》，2012年
姜庆共以普通市民的角度记录上海的石库门建筑，不受任何机构和媒体的委托和资助，所有照片、文字和资料采集整理全部自己操刀，内容客观真实。

姜庆共说，豆瓣上独立设计师小组成员有5万多人，如果真有这么多，那中国的设计肯定会比现在更好。老姜觉得这个数字有水分，因为他一直在坚持"独立"，他很孤单。

+21: 杨军
J: 姜庆共
访谈地点: 姜庆共工作室

在欧洲跑了一圈，
回来就死盯着上海的这些东西

+21: 记得1999年的时候，我还在读大学，那时你的设计就已经很出名了。后来又关注你参与的平面设计杂志《海平面》，但最近不太听到你的动静，原来是隐居起来，一门心思做书了。而且你还锁定就做上海题材。

J: 我不是个做书的人，我是个创作者。我一直以为做书有点像书商的味道。之所以选择书籍制作这个工作，是因为它可能只需要一个人便可以完成，自己可以完全掌控整个过程，不像做杂志，需要一个较大的团队，还有时间限定。

制作这些书，所有主题都自己定，照片都自己去拍，还是很有挑战性的。一是策划的主题既要考虑展示城市文化的现状，还要顾及图书市场；二是要花一半以上的时间去现场拍摄，所以，隐居是没可能的，只是从一个圈子跑到了另一个圈子里去了。

一开始我也不是做上海主题的。2000年我去欧洲旅行了一次，觉得外面挺精彩，当时最早考虑的是做一个全球的城市题材。我计划找10个城市的学生，让他们按照相同的50个题目去拍照。但到了最后，因为我自己外语不行，只能委托当地的朋友去召集，只收回来5个城市的创作，不齐。后来我就没出这本书。朋友说那你就用这5个做也可以啊，我想还是算了。我可能会把它再放10年，还是这些城市，再找人去拍一遍，也蛮有意思的。

+21： 不同的城市，相同的题目，风景和答案可能会完全不同。

J： 对，这样的话，这些地方的文化、地域、生活的差异可能会很有趣地展现在读者面前。但当时这个项目算是失败了。现在想想可能是地区跨度太大了。

后来就缩小到中国。我一直对中国的工艺美术这一块很喜欢。我祖籍是山东，山东这里的工艺美术也很厉害，我就先看山东，哪里有什么工艺都在地图上圈出来。后来觉得经济上、时间上不可行。还有北方的一些美术院校从上世纪五六十年代开始就已经有一批教授带着学生在当地采风了，已经积累了很多好东西。

+21： 他们这些年可能抢救性地收集到了大量的工艺美术文献。

J： 是的，很佩服他们，这些题材也陆陆续续结集出版了，精彩的书籍，都是教授们做出来的。包括台湾《汉声》杂志对内地工艺美术、民间美术的采集也做得很极致，我觉得没有必要再去重复创作类似主题了。后来就慢慢缩小到上海，因为我可以死盯着上海的这些东西。

《上海十二月》之三月，崇明县，2010年

《上海十二月》之五月，陈行，宝山区，2009年

《上海十二月》之四月，下沙镇，南汇区，2006年

《上海十二月》之二月，乔家栅，黄浦区，2012年

文献很重要。我现在做上海的主题，资料也越看越老，经济能力可以承受的资料就自己买，后来发现上海这个地方也缺乏系统的文献可看，比如老城厢的资料就不太齐全。

+21： 每个地方都会有地方志这样的文献资料。

J： 在创作《上海里弄文化地图：石库门》时，我们就查阅了上海各区域的地名志，参看我们拍摄过的石库门里弄简史，之后就发现这些史料有缺陷。

+21： 不够客观？

J： 不是客观的问题，而是无处可考。比如有些建筑的建造年代说法不统一或无记载。原南市区，其中相当一部分区域就是上海的老城厢，是近代上海最有历史的一个区域，它的地名志就没有正式出版，只有薄薄一册内部资料，这是否可以说明我们可能向来不太注重文献记载和管理？

态度会过时，而事实不会

J： 当初决定做上海题材的时候就定了很多选题，第一本就是讲设计师店的。为什么是这一本呢？因为比较容易说服出版社出版，销售可能不会有太大问题。如果一开始就做一本太小众的东西，读者没兴趣的话就失败了。小店这本书我是刻意做成小开本的，以后我都坚持这个开本，方便读者携带。

《上海潮流店家》，2010年

82 >142

LOOMOO > 家居饰品，玩具，铁皮玩具，包，文具
家具 70 年代 home decoration, toys, tintoys, bags, stationary, furniture, 70s

《上海潮流店家》内页设计极为简洁却包含巨大的信息量

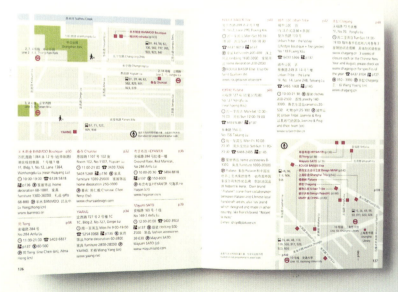

《上海潮流店家》内页设计

《上海里弄文化地图：石库门》内页设计延续了《上海潮流店家》的设计风格

+21: 从简单的流行的东西入手，然后慢慢诱导出版社去做更深入的东西。

J: 是的，从有趣的东西开始。其实，这些表面上看来有趣的东西，内在还很深刻。《上海潮流店家》几乎可以看成是这个时段本地设计师店铺的实录，或者可以说是这个阶段上海创意产业状态的一个样本。

+21: 那这本书后来卖得好吗？

J: 上个版本卖得不错。这个版本不太好，实体店我只看到机场、外文书店等几家店在卖，问题可能出在发行上。

+21: 做上海题材的人这些年很多，书店里的书也不少，你也不是最早做上海题材的，你就这么有把握能做出来？

J: 我在做上海主题的时候，几乎看过所有其他做上海主题的书，我发现很多出版者或编辑者观念都比较陈旧。基本都是写一篇文章，再嵌入照片。尤其是讲述上海历史的书籍，相当一部分照片都是经过无数次扫描后使用的，质量不高。这也是我在前两年开始收集上海老资料的原因之一，在经济能力许可的情况下，我尽量多收集老上海的原始资料。

我的书是以一种新的编辑方式，用照片和关键词来叙述主题内容。比如《上海潮流店家》用关键词的方式，使读者能快速地知道这家店的特点；《上海里弄文化地图：石库门》则是利用民国时代的里弄地图和现在的里弄照片相呼应，读者可以在老地图中窥见民国时期里弄生活的丰富，同时又凸显这些里弄的历史感。我是希望大家拿着这些书自己去现场体验，而不是单单的阅读。所以我以后的书都会是这样的风格：照

近几年收集的老上海读物，2010-2012年

片为主，然后将关键词列出来，可能是一个单词，也可能是一句话。最后当然肯定还会有很多信息、地图，一些基本的信息全部放在书的最后。这种阅读方式是全球化的，巴黎、纽约都可以看。

+21： 你的书对店铺的选择和其他书不一样。

J： 完全不一样，我是选择设计师的产品，尽量是本地设计师产品的店铺。为什么要选择他们，因为我觉得他们是真正的上海创意产业的基础，他们是创造这个城市设计文化的先锋，我很乐意去记录他们。后来我的朋友不理解了，说你怎么在做广告书啊？因为他们只看到了表面。

+21: 他们的书是一个劲儿地鼓吹，而你是很冷静地记录，但是不是文字应该也再丰富一点？

J: 其实图片里面已包含了很多信息，特别是那些产品的造型或细部。文字相比于图片是一种较为主观的表达，所以我尽可能少地用文字，后来干脆就简化到几个关键词，我觉得够了。

　　我不是城市文化评论家，只是城市文化的记录者，创作这些书，我都是站在中间立场的，我希望50年以后有人还会关注我的书。因为态度会过时，而事实依然还在。

　　刚才与你说的是我创作的第一本书，2006年我又拍了《上海郊游》，记录的是上海境内小镇里的生活，自然风光和老建筑，那本内容比较丰满，但书的发行也很失败。

+21:《上海潮流店家》这本书虽然定位是一本逛店指南，还可以当做一本设计书来看，甚至可以作为开店的参考，里面包含了非常丰富且及时的信息。这些估计是你当初始料未及的吧，你下一个版本会有哪些改进？

J: 这就是我的创作理念，我们不止是在记录一个城市的店铺，建筑，或生活状态，还包含了这个城市里人们的精神和追求。《上海潮流店家》第二版因为要控制页码，只能将对店主进行的访问整理的文字删去了，有点可惜，希望再下一版时可以恢复这些内容，我们会重新去来访他们。或许，还会创作一种新的编辑方式，去表述这个主题。

+21: 你的这种方式其实是做小众品牌的方式。

J: 是的，我想在保持自己独立思考和独立创作的状态下，努力把上海风景（ShanghaiView)书系做成能代表上海城市文化的优秀读物。

+21: 国内的创意产品很多是弱不禁风的"点子"产品，很脆弱，在市场上往往昙花一现。而好不容易存活下来的，又可能被盗版侵害，市场环境仿佛并不乐观，现在本土原创品牌的现状基本如此。现在国家大力提倡创意产业，可为何本土原创品牌仍然如此艰难？

J: 我个人觉得问题是在设计师本身，国内的不少设计师比较娇弱，不肯走路，不愿融入普通市民的日常生活中去，这样，你的设计自然就会脆弱。

知识产权也是很大的问题，经常享用盗版的快感会使自己觉得一些东西来得方便又便宜，会不经意延续到自己的工作状态和成果中去。

关于侵权问题，我们在对店铺设计师访问时也问及，他们绝大部分的答案是，没有关系，他们有足够的新产品后续。这也是为什么有些品牌可以坚持下来的原因之一。国家提倡创意产业的方式还是没有落实到实处，使得创意园区过剩，创意人员更显得匮乏。

+21: 你自己这些年也在经营自己的"上海风景ShanghaiView"独立品牌，既是一个文化品牌又是一个商业品牌。过于偏重文化，就过于小众，商业上难有保障；太商业，又不是你做这个书的目的，那么你是怎样保持一个平衡呢？

J: 书籍的商业运作不是我的强项，我想先把内容做好。希望再过五年，"上海风景"书系能被更多人群认可。上海有不少理解我的出版人和艺术家给了我很大的帮助，除了努力推荐我的书出版以外，他们自己出版

上世纪80年代末自学平面设计的启蒙读物，1990年
注册个人设计工作室，1994年

姜庆共现为自由职业。工作室一角，2012年

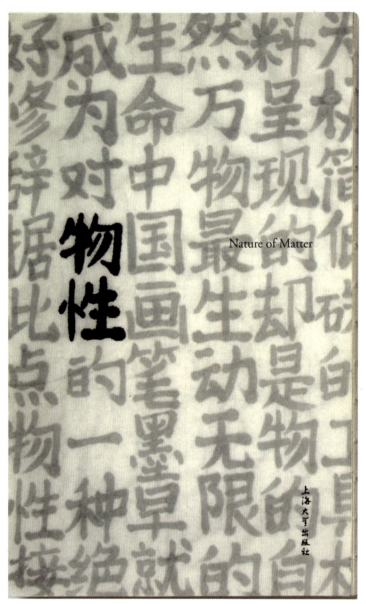

物性

Nature of Matter

书籍设计，2003年

200 days, 70 Lomographers
Using Lomo to document the
exuberancy of the unconfined and
individualized night life
in Shanghai

200天，70位Lomo玩家
用Lomo记录夜里上海自由个性
生活的多彩多姿

上海 1800-0600
姜庆共 陆忠华编著
上海书店出版社

Shanghai 1800-0600.
by Jiang Qinggong & Lu Zhonghua
Published by Shanghai Bookstore
Publishing House

《上海1800-0600》书籍海报，2005年

"99 上海国际海报邀请展"，展览请柬，1999年　　　　+21 BOOK SERIES

上海寓言　马良　Shanghai Fables　Maleonn　上海书店出版社

胶片时代的上海　陆元敏　Film-aged Shanghai　Lu Yuanmin　同济大学 出版

已出版的"上海风景"书系，2006年，2009年　+21 BOOK SERIES

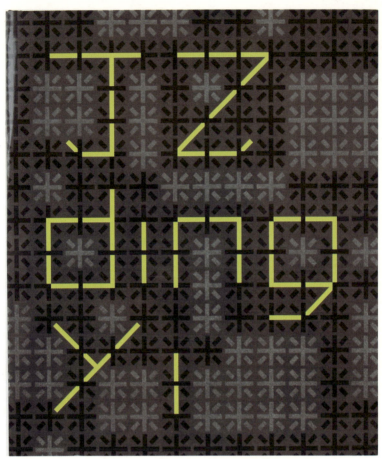

书籍设计，2011年

书籍设计，2010年

社里的一些重要的书籍设计也请我来做，比如一些知名艺术家的画册等等，这就缓解了我经济上的压力。我很感谢他们。记得1907－1909年左右吧，自己口袋里的钱是计划到一元一元来使用的。如果没有这些出版人和艺术家的支持，也就不可能有"上海风景"书系今天的文化追求。

+21： 你现在都是自己排版？自己拍、自己写，然后又自己联系出版社，这在国外很时髦，叫个人出版，或独立出版。一些年轻的设计师自己做书，有的纯粹是做着玩，甚至以颠覆书的概念的形式来玩出版，比如用各种我们想象不到的材料来做书，一本书发行几十册，甚至几册、一本。当然，也有畅销的，比如日本的《B型人说明书》，不过在创意和营销上能够双赢的毕竟很少。虽然还没那么极端，但你有没有觉得你目前做的事也有点像独立出版？

J： 对，独立出版，不过出版我还是选择正规的出版系统。我觉得在国内讲所谓出版开放啊，独立出版啊，都没有什么太大的意义，观念不改还是没有用的。出版是一个专业的事情，是一个很规范的事情，当然到时候开放到可以成立一个自己的出版社也是挺好的。不过个人出版真的很辛苦。在做这套书时，书里的细节不讲很多人都不知道。由于市场不是那么配合，很多创意小店还没等书出版就关了，但我仍然把他们记录在书中以作留念。出版社的想法就是你可以收钱啊，你收了钱不就好做了吗，有收入就好做了嘛。我说我绝对不收钱。你收了钱，别人就会来干涉你，不要这张图，或者换个角度什么的。

+21： 由主动变成了被动。

J： 现在全部是我主动的。我们去采访了之后，我觉得不好也不会用。

有一家店，当时拍了几次，给老板看，老板不满意，要放他们自己的照片，那种模特躺在椅子上的照片。我说绝对不行。他说算了，那我也就算了，就从书上撤下来。书出版后，他感到了这本书的力量，又后悔。我说没关系，还要做更新版，到时再放进去。

后来这本书在小店的圈子里影响还是挺大的。

+21： 现在很多有想法的年轻人都以开店为创业的首选，你跟拍这些小店这么多年，如果要给这些创业者一个忠告，会是什么呢？

J： 这个很难回答，因为我没有开过店，我只是观察者。虽然跟踪这些小店多年，但我始终把自己看作局外人。

+21： 你会计划开个店吗？

J： 不会。不过现在的"上海风景"书系创作计划也可以算得上是一个铺子了，这同实体店不一样，大部分时候都很"虚拟"，因为一直在思考一些主题用什么新的方式去表现，只有等书创作完成后出版了，才能算是完成了一个"交易"。我准备用10年时间来经营这个铺子。

体制内的公众人物型设计师，
不能只是自顾自玩

+21： 你作为国内为数不多的独立出版设计师，在书籍设计上是否也"独立"？

J：独立设计师应该是我要给读者传播什么，而不是读者要什么我就给什么。也就是说，独立设计师不仅仅出售自己的图形，还要出售自己的思想。《上海里弄文化地图：石库门》的封面设计初稿传到网上后，引来了不少议论，建筑专业的朋友认为用建筑线图来表现比较合适，普通读者则认为直接用石库门照片更能体现建筑的历史感。而我那个色彩时髦的插图风格的封面是想用来吸引年轻普通读者的关注，这既保证了传播的广泛性，又保持了自己的独立完整。

现在大量书籍设计看上去风格雷同，完全没有表现出每本著作各自所要传达的精髓，这些肯定不是独立设计师的东西。

+21：我觉得可能有一种保险的心理在里面，比如有些风格的设计容易卖得掉。

J：这个就是那些做书的人的想法，比如推理小说，比如盗墓小说，封面都是一类的，你不可能换掉，一换马上就跟你说：你这个卖不掉的。这些不会是独立设计师的想法。

+21：类型化了，书出来之前先给你判个刑。

J：好的书应该每本都是不一样的。书的内容是这样，形式也一样。

+21：你觉得"世界最美的书"……

J："世界最美的书"在国内被传播得过分神奇了，我很想知道世界上有哪些著名的出版社和著名设计师在参加这个比赛。

因为"世界最美的书"，我一直都在关注几位书籍设计师。我觉得一个设计师必须要有一定的社会责任感，如果你一直在那里养蜗牛、看蚂蚁什么的，对于中国设计师的形象，尤其是对学生来说，是一种误导。有责任感的书籍设计师应该想的是怎么样把中国书籍装帧这一块改下面貌，而不只是把玩自己的东西。

+21：一个设计师有他自己的设计风格也是无可厚非的。

J：我是看内容的，这种书对社会来讲有什么意义呢？没什么意义，如果是一个普通的设计师，你可以闷头玩，但如果你是一个受人瞩目的公众人物就不能这么玩了。公众人物的意思是，你的一切行为都有可能被模仿，被当成样板。这既是一种荣誉也是一种危险。

+21：你批评某些书籍设计师的东西，是批评他作为一个公众人物而不是单个的设计师？

J：如果是一个还在体制内的设计师，应该不能算是一个单个的设计师吧。

+21：为什么现在有人取得了成功呢？

J：我不觉得这是成功，只是他们在自己的圈子里玩票，取得了圈子里的认可而已。因为，如果是一位出版圈外的作者创作了这些书，他能出版吗？根本没可能啊。

我们的兴趣有点太少了，玩的东西太少了

+21： 你的做法就是把上海老的文化遗产跟你新的设计理念结合起来。

J： 书是要靠编辑的，好的编辑就是要善用各类资源，通过新的方式把主题成功传播到特定的人群中去。"Shanghai View"书系的理念是做普及读物，现在市面上普及读物做得好的不多。我是主打普及读物的，就是把一些基础的东西先理出来，再结合现状重新编辑组合。读者可能会先通过书里那些基础的东西，再自己去做一些其他的深入研究。我们的创作项目还有国货、苏州河、老城厢等，感觉越做越难，因为涉及的专业知识越来越广。

+21： 在作者和读者之间，我们经常会碰到这样一种现象，比如某个问题学者会研究得很深透，但大众没有看懂，或者根本看不下去。你现在担当的就是这样一个角色，即帮读者先消化一下，再端出来给大众看，你做的就是把读者和作者之间这个断层补上。

J： 我就是在做这个事情。比如石库门，我小时候住过五六年石库门，但石库门是什么，我一点也讲不出来，我竟然是完全陌生的。我不是学者，像论文那一类的文字不是我所要关心的，所以在创作《上海里弄文化地图：石库门》时，就特意在书里设计了石库门建筑图解这个部分，让读者能了解一些基本的专业知识。图解又涉及信息设计这一块，专业知识的传播还要有个度，就是到底要解释到什么程度，太深了读者还是

会不懂，这个度的把握，我们完全是按照自己从无知到了解的过程来控制的。也就是说，我们本身是学习者又是传播者，最重要的是，我们就是普通人群中的一分子。

同国内不一样，国外的出版社比较健全，专门会有人来做这个事情，比如教授、博物馆馆长啊。但在国内我还没有看到，博物馆馆长太忙了！有一个例子，法国的"发现之旅"丛书，上海这边出过近一百种，法国已经出了四百多种了。在法国，读者的对象是中学生，而我看下来却觉得已经很深了，有些可能大学阶段才能看得懂。当然也有可能是翻译的问题。

+21：和《新发现》杂志类似。

J：比《新发现》要浅一些，但写的人都是专家。比如《莫奈》是法国奥赛博物馆的馆长写的；《非洲探险》是研究非洲探险史的历史学家写的；《电影》是国家图书馆表演艺术分馆馆长写的。

+21：现在很多专家不敢或不肯放低姿态来写，而业余的人又没有这个专业的背景，所以就很尴尬，所以你现在就起到这个桥梁的作用。

J：我就是业余的，但可以学习呀，还可以依靠专业出版社的编辑老师来把关。对我来说，每一本书的创作和编辑过程，都是一个学习的过程。我们的书如果有可能提起读者的学习兴趣，我觉得就可以了。我发现我们的兴趣爱好有点太少了，玩的东西太少了，不像外国，他觉得这个新鲜他就去玩了，那个新鲜，他又去玩了。我们总体上来看似乎就那么几种：打牌、唱歌、麻将，现在摄影也可以算一个，因为摄影普及了嘛。

+21： 还有就是刷微博。我看过一个调查：在荷兰受过中等教育的人去博物馆最多，受教育程度越低的人就越不愿意去这一类的场所。国内人们去看名人故居什么的，也就是拍个到此一游的照片就完了，没有人愿意停下来去研究得更深一点。

J： 外国有时研究一个点会研究得很深。我观察下来，感觉好像讲这些遗迹之类的资料也不多，有些景点的导览说明书设计得不够专业可能也会影响到参观者的兴趣。

+21： 所以你要问上海有什么特色，好像也没什么太大的特色，但你真的要沉下来去做的话，还是能发现很多内容的。我看张耀拍的照片就发现，我们看上海是粗线条地看，还真的没有像他那样好好仔细看过。

J： 上海有太多的东西可以去记录，关键是要花时间去走。照片是走出来的。

　　我跟张耀拍的还不一样，他很注重光影、构图、细节，我是直接拍的，平视，见到什么就拍什么，比如保持店铺的原样，不使用额外的灯光等等，我需要这样去记录。就如日本著名编辑、摄影师都筑响一的《*Tokyo Style*》那样，他的这本书改变了我以前的摄影方式。

+21： 没有欺骗，没有美化，只有可能更接近现场。

J： 包括没有PS，我情愿多拍几张。不过，这类照片在国内很多编辑的眼里，基本都不能算是照片。

本文图片由采访对象提供

王心磊

王心磊
在上海的北京人，产品概念设计师，909Toy玩具品牌主创人，
原创玩具"蛋核"设计师，重机派对创办人。

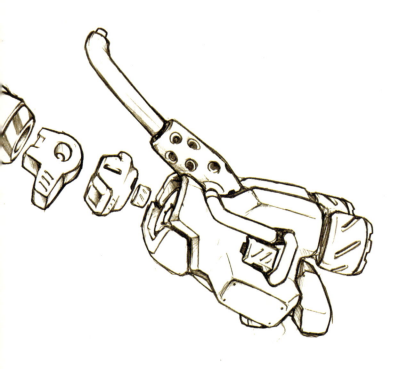

"蛋核"玩具设计概念图之一

"蛋核"玩具设计概念图之二

"蛋核"黑白经典版

传统白色和黑色的组合,白色调整为更接近蛋壳的颜色.而另一半机械的部分,是黑色+银粉的混合,让机体本身保持黑色的感觉,而银粉的反射使机体具备金属表面的颗粒感，来增强细节表现。

第一次看到蛋核，当时我就震惊了。设计师玩具看过很多，但结构复杂到这种程度的，极少。以前总是赞叹国外那种机械题材的玩具，欣赏之余，也在期待国内也会有这样的作品出来，但是什么时候，又会是谁呢？眼看国内的设计师玩具热潮像一阵风一样已经过去好久，期待中的作品却就在这时不紧不慢地出现了。那个人正是王心磊。

+21：杨军
W：王心磊
L：Loomoo店店主陆忠华

那个时候我们脑子里就一个念头，
就是把这东西做出来再说

+21：说说（做蛋核是）怎么开始的吧。

W：我做了那么多年的广告，有一天突然觉得老是在给别人做东西，没太大意思，然后就想干点别的事儿，那时其实挺迷茫的，也不知道到底要干吗。

+21：那是哪年的事？

W：大概2006年或2007年的事。那时也不想再这么做广告做下去了。我在做广告之前就喜欢做一些人物设定、机械设定类的东西，但没能力参与到这种工作中去，因为那时整个游戏行业的大环境都不是很好，做这玩意儿肯定要饿死。后来有朋友介绍，参加了一次玩具设计活动。突然就觉得这事儿好像挺合适我的，感觉做玩具这事儿不仅可以当做一件好玩的事情去做，还可以（很多想法）实现出来。

+21：我记得好像是国内平台玩具刚刚出现的时候。

W：对，那时候正好是Da>Space他们刚刚进来。也是那时我才正式接触那些东西，之前没什么概念。接触以后就发现，这可能是以后发展的一个方向。

+21：那时我也去找过能做那种搪胶玩具的地方，结果人家说起订量就得1万个，这在当时根本做不起，一下就泄了气……

W：是这样的。现在我们的量也不小啊。当时参加完这个活动，第一次去想怎么开始做这个事儿。那时我已经好几年没动过笔了，一直在做广告什么的。

+21：一直在动鼠标。

W：是。那时候手就有点生了，想回来也得花一段时间去适应。幸好没太久。

+21：迅速就画出了蛋核现在这个造型？

W：对，那时候就画出来了。但那时候造型不像现在这么完善，这么饱满，那时候周围的东西都还挺单薄的。

+21: 那几年就流行那种造型很简单的玩具。

W: 当时我就特别不能理解，为什么会搞成这个样子，大家都在做那么简单的东西。我不太喜欢那种太简单的造型，因为它看起来有点太低龄化了，简单到没什么可看的了。我比较喜欢有结构感的东西。所以后来才做像"蛋核"那样纯机械式的东西。

跟我合作的那个人叫"零件"，是个模型师，他觉得自己完全有能力去做这么复杂的东西，我也很乐于去做这件事，那我们何必去做那种简单的东西，没必要了。于是我们做好了这些东西以后，参加了一个展，反响还不错。我就跟这哥们一块儿聊，考虑能不能量产。说着很简单的，几个人合计说，做。

+21: 看来量产也是很关键的一步。

W: 一样东西量产之后，它就不是窝在你家里的东西，是能够被大家都看到的，是别人能够拿在手里的东西。

+21: 当时大都是做出一些简洁的造型，然后邀请很多不同的人在此基础上进行二次创作，这是一种模式，这种模式后来影响了很多人。

W: 我蛮喜欢这种模式的。因为你在纸上画，东西都是平面的，但你把这个玩具本身想象成一张纸的话，画出来是立体的。很有趣。

+21: 很多年轻人一开始做不起这种玩具，他们就在平面上创作一个形象，也有平台玩具的性质，然后基于这个形象进行再创作，把我们熟悉的人物形象套进去，比如李小龙啊、阿童木啊，在T恤、贴纸上运用，等这个形象有一定知名度了，可能就有做批量的机会了。

W: 那时候不是还流行纸模吗?

+21: 对，我记得日本有个SHIN TANAKA，就用纸做了好多很有趣的玩具。也是以一个基本造型的人物为基础，这个不变，变的是人物服装的图案，图案风格差异越大越好玩。

W: 纸模其实也不错，但纸模感觉太不坚固。

+21: 还有一家叫Readymech的，在网上发布了很多他们设计好的图样PDF文件，免费提供下载，玩具的各个部件都是画在A4大小的纸上，把它打印出来，按照图样一个部件一个部件折叠、黏合，就可做出一个立体的玩具，有太空人、有外星人、有怪兽，很好玩，整个制作过程就很有趣。而这种方式跟你的做法相反，玩家参与到制作的过程，但他没有创作东西。它的"平台"特性在创作图样的时候就已经由各位设计师完成了。

W: 你做出来的东西不能够只是让人觉得看着好玩，它应该具有一些功能，而不是一个完全无用的东西。

+21: 目前"蛋核"好像是个纯粹摆着看的东西……

W: （笑）因为你开始就把一件事想得太深入也没必要。你要是想把它

"蛋核"黑金典藏版，旧化效果的金属质感都是一个一个手工涂装，因此每一个都不同，如果你有幸拥有一个略带瑕疵斑点的版本，要知道那才是王心磊下功夫的作品。

的覆盖面弄得很广的话，它的那种意义就失去了，所以干脆就把它做得纯粹一点。后面我们再考虑其他的步骤。比如现在我们先做出来的这个样子，如果大家都能接受，后面我们就会逐渐做些其他的东西出来，现在的模型就成为一个基础。说实话一开始大家都没头绪，不知道往哪个方向做。你想，就几个画图的、做广告的凑一起开始做玩具，一开始就没经验、没概念。

+21：有些人可能就是先画图，然后有玩具厂商看中了这个风格，就会找到他，把他的东西产品化，这个也是个捷径。

W：对，但是最后出来的东西还是那个样子，还是一个玩具一样的东西。我做这个东西的目的其实是我要创建一种新的风格，玩具本身是一个载体，承载的是一种文化，像我们身处的这个环境，然后生活中接触到的所有的事情，最后促成我们做成这么一个东西，这种经历是不能替代的，是不能复制的，它代表的是一个时代的东西。

+21：平台玩具也是在七八年前突然兴起来的，像一阵风一样，现在几乎没人做了，你现在还在做这个，你不怕做出来就过时吗？

W：我是做到第四年的时候才把这个东西完成的。前两年我都已经在想要不要再做这个事儿了，一直没做出来，头绪也没找到。但我是那种一件事情不做出来，我就没心思干其他事的人。从我在硬盘里开始创建"EGG CORE"这个文件夹的那一天开始，其他任何事都别影响我，所有来找我做兼职的事儿全部推掉，直到把这件事情做出来为止。

+21：你挺坚持的。

如果别人都没做过，那太好了，我就一定要做了

+21: 一开始你就想好了要用这种形式：一半是光滑的，一半是极复杂的结构？这种对比在同一个物体上共存，显得很有意味。还是说一开始是对称的复杂结构，随着设计的进程，最后才做出这样独特的设计？

W: 无论它是完整的还是现在这样一半一半的，就我自己的感觉，还是现在的这个冲击力最强，让人感觉到是有趣的。一开始其实就想好了这样做。很多时候做这些事情是无目的性的，很多时候我的想法不是那么理性的，我只要做了这件事，肯定会要个结果，但是这个结果是什么我不知道。这个做出来是完整的还是一半一半切出来的，完全靠感觉。那时候完全是一个随性的想法，不是说思前想后，能不能赚钱啊、做出来怎么卖呀，没想过这些。你只要把事儿做好了，真正把事儿做到你想要的样子了，它自然会有市场。并不是说要先做一个五年计划什么的，它出不出得来，明天会出什么事儿你根本就不知道。

如果照着商业的方向去想的话，这事儿可能没法做，因为你怎么算，这都是一件不能赚钱的事。

+21: 这就是以前那些平台玩具区别与一般大众玩具的特点：造型简单，成本不高，但售价很高，利润就很高。商业上的运作增加了产品附加值。

W: 但是如果人家都做这件事情，我再来做一样的事情，这又何必呢？

"重机派对"上彩色涂装"蛋核"

+21：而且盗版还比较方便。

W：所以我当时决定要做这件事的时候，不只工厂的老板，还有些朋友，都来劝我甭做这件事了。尤其是工厂老板，他们做一个玩具，基本上一个卖17块钱，做几百个也就一两千块成本，好，到我这块，成本几乎一个就上百块，他们说你怎么卖呀？觉得特奇怪说你干嘛呀你想？我说你甭管，告诉你该怎么干就怎么干！但是如果别人都没做过，那太好了，我就一定要做了。

L：而且到最终发现，最初出的成本，它其实是一个坑，是一个无底洞一样的。

W：你想差旅、工厂要安排人看，运输、储存、包装、广告，乱七八糟所有这些事情。所以做事情纯粹靠的就是意志力、信念，以及你真正觉得这件事是有趣的，而不是出于某种目的去干这事的。你觉得特别开心，那才是最重要的。

一边是做我该做的事，一边是做我想做的事，
这两件事都很纯粹

+21：至少你生活上不会有问题吧。有些设计师是这样：他想去做一件事，但这事儿不来钱，生活过不下去了，就必须得去做点商业的东西。

W：这之前我读了好多其他设计师写的一些回顾，里面有一个我印象很

Willson Ma

"重机派对"上从世界各地收回来的蛋核，
"潮玩界"头一次世界级重机艺术大集合。

道弘松冈

Ultra man

Michal Miszta

Erick Scarecrow

Nakanari

黎明

Chaus koskis

深刻，好像是 "铁人"的一位设计师说的，说现在很多独立设计师都不是全职的，他们是兼职去做的。兼职的目的就是因为他们要生活。出于生存的目的，玩具本身（在生活中）的比重就会越来越小，他就会变得很安静，他不想纯为这件事，他就不会说一定要抛弃其他事情全职来做这个。他的意思就是说，在考虑你是要做这件事情还是你要生存的时候，你要做个权衡。有些设计师心里很清楚，决心要做这件事，结果就辞职来做，一条后路都没给自己留。

+21： 结果发现压力很大。

W： 每个人都有他们自己的方法，我肯定也能找到自己的方法，是出于这种平衡，是合适我的，既可以干这个又可以干那个，为什么不能？当然可以了。后来我也实现了目前我自己的做法，一边是做我该做的事，一边是做我想做的事，这两件事都很纯粹。

+21： 最近看到一句话：有时得做点无用的事。平时天天上班、工作，做的都是大量"有用"的事，有时就得做点无用的事来平衡一下，你看个电影、写个书法，看似无用，但你需要。

W： 这个太重要了。钱是人创造出来的，如果世界上没钱，人活着不用赚钱，你想人会去做什么事？当然是做一些会让你开心的事情，去做一些无意义的事情。赚钱这件事只是让你生存，它绝对不能成为你生活的一部分。

　　现在人都很浮躁，很难有时间专注地去欣赏某件东西。但这对每个人来说都是很重要的。比如很多人只有在洗澡的时候才会去思考，一边冲着水，一边想要干什么，然后出来的时候全都忘了。那种状态很好，因为那时候你没什么事情可做，你就是会去想这些事情。

+21： 很多时候，好的想法是在卫生间诞生的。

L： 那时是一个很纯粹的状态。

W： 我非常喜欢的一个状态就是晚上的时候，夜深人静，一个人在那做东西，有时候会忙到快天亮了才做完，那时候回想起来觉得很充实，不会觉得今天什么事都没干。这可能就是为什么很多做设计的不喜欢在白天做东西的原因，白天有太多干扰你的东西，没法把精力集中在某件事上。其实我做这个玩具的目的也是想寻找这样的状态。如果去帮人家做某件东西的时候，我会想，东西做出来人家会不会满意啊、他能不能赚钱啊，有很多很多因素。但我喜欢纯粹一点，我做这件事是为了一个单纯的目的。

与台湾Filter017设计团队的合作款
"Sweet Eggcore"，出人意料地将色彩
与重机融合，在原有的基础之上又增加了
70多个步骤的喷印工艺，并且逐一涂装旧
化。正式发售之后3天便销售一空。

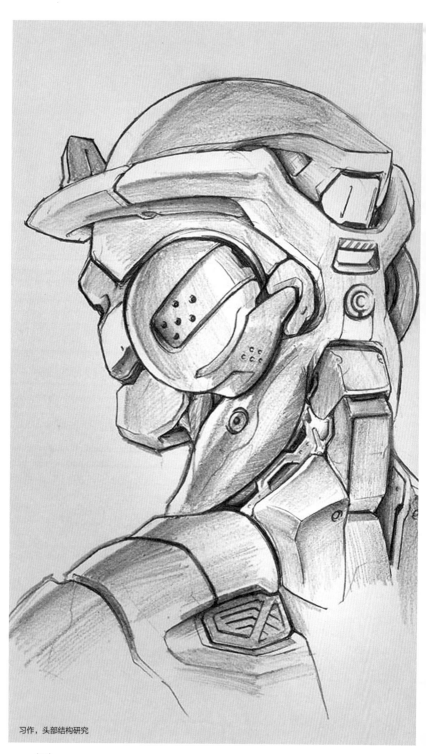

习作，头部结构研究

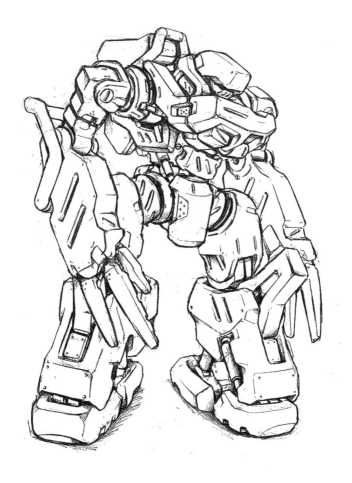

王心磊中学时期的重机作品

2006年在上海Da>Space
画廊概念店的2050
BOMBING IS BACK展，
这组作品是展览的核心展
品，全部手工制作，四位
主创花费了一个月的时
间，不眠不休地打造了每
一个细节

768 G-ROBOT概念设计

Heavy
Party

这世上存在这件事，它让你很开心，
但又没什么用，那么它存在的理由是什么？

+21： 以前在《新视线》杂志上看到一幅图：一老头在地下室里摆弄火车模型，整个房间都是他自己铺的铁道，沿途都是自己制作的涵洞、山涧、工厂、房屋，他完全沉浸在自己的玩具世界里。我就特别羡慕那种有个自己的小空间，到处放的都是自己喜欢的东西。能在里面待上很长时间。

W： 我觉得现在缺的就是这个。你想把某样事情做好，必须是自己非常专注和非常喜欢的事情才行。现在社会上的工作或者行业可以分好几档，有的能赚钱，有的不能赚钱，但其实某些不能赚钱的行业，反而是很有趣的。

+21： 在初中的时候，我捡到一本作业本，翻开发现里面全是圆珠笔画的枪，步枪冲锋枪，很多，画得很细致。我一看太喜欢了，还模仿它画过。画这些图的人肯定也是我的同龄人，也不知道他从哪里找到那么多的资料，那时候在我们那个小城市，资料很少，当时也没想到去找这个本子的主人，否则就太有意思了。

L： 这里有王心磊小时候画的画。是上回帮他搬家时发现的。

W： 初中时候画的吧。都是上课的时候画的。就像你刚才讲的那本枪，他肯定也是上课画的，但你能感觉到他画这些的时候很开心，这个时候他是很纯粹的，他沉迷在里面。

+21：他进入一种主动的状态，他会想尽办法去找资料来研究这些枪的结构，画得越具体越真实他就越有成就感。这种状态没有具体的目的，完全是为了满足自己内心的那种说不清楚的满足感。而不是为了完成老师布置的作业。

W：我现在也一样，会买一些遥控车来玩，全部都是散的零件。花一整晚的时间一点一点组装，这时候就觉得有件事情做。但说实话这事其实没什么实际意义，但它可以让你自己觉得身心非常愉悦。那时我上课的时候画这些机器人，被老师发现了。老师后来找我谈话，说画得不错，挺好的，但有什么用呢？我当时还是个小学生，老师这么一问，当时给我一个很大的震动，咦，还真没想过这问题。

L：据说有另外一个版本，老师找家长谈话，说这孩子得管管了，把班里的女生迷得神魂颠倒的，成天围着他画这些东西。

+21：我终于知道你为什么要画这些东西了。这是种乐趣。

W：嗨。是种乐趣。当时老师这么一问，我现在想想还真没什么用，但是又很有趣，这世上存在这件事，它让你很开心，但又没什么用，那么它存在的理由是什么？有很多文化的东西，看起来没什么用，但是它是精神层面上的。不管做什么，都得有件自己喜欢的事，就像我现在做玩具，它是跟其他我做的事情不一样的事，赚不赚钱无所谓，但它可以让我的精神状态很好，觉得每天没白活。

+21：我有个高中同学，他对直升机很感兴趣，在家画了很多图纸，想自己做一架真能飞起来的直升机模型。就开始找资料，研究直升机的飞行原理，从发动机到螺旋桨，研究各种部件的构造。那时哪有网络，手上只有几本旧的邮购来的《航空知识》杂志。那时正好有一部美剧《飞狼》是讲直升机的，他特爱看，每回都看得心潮澎湃。一心要把它做出来。虽然后来由于实在太复杂，没法实现。但我就很佩服他，每天都沉浸在自己的乐趣中，而不是满脑子考学做题。他有自己的事情要做，每天那神态都跟别的同学不一样。

W：是这样的。因为他的生活已经跟别人不一样了。最后能把一件事情做出来，对他自己也是有很大意义的。

+21：以前了解到有些民俗工艺的东西，比如活动在乡间的皮影班子，现在已经慢慢失传了，都是些很大年纪的传承人在守着这些技艺。又比如像泥人这种，咱们现在生活里用不着，品质上看起来也跟现在塑料的金属的东西差距太远，就没人去买这些东西了。这样说的话，这些东西是没用的。一旦这些老人不在了，这些东西就跟他们一起不存在了。然后大家又觉得是个损失。其实损失的不是泥人这些物件，而是那些东西后面的文化消失了。

W：就是生活没乐趣了。

L：现在你很难找到那种敲白铁的了，就是那种用白铁皮敲个桶子、敲个壶什么的。

+21：现在那叫"定制"。

W：现在很多人觉得生活很无聊。看到某一个人的时候，我能从他的眼神

EGGCORE概念插图

中看得出来他生活有多无趣。原因是现在的人少了很多自己和自己生活息息相关的东西，所有的东西都是买来的，买部手机，买这买那。但对以前的人来说，获得某样东西会通过很多特别的途径，他去到某个地方能够获得一个别人生活中没有的东西，然后这些东西才能组合出这个人的生活。所以喜欢探险的人相遇时总能聊到很多不同的东西。但现在大家都生活在这个城市里，大家的生活都一样，所以生活才会更无聊。

+21： 无聊都是一样的。有趣却是各不相同的。

你喜欢它的原因在于它代表的是你自己

W： 我在做"蛋核"的时候，就是想把它做成一个很小众的东西，原因之一可能也是这东西的成本实在太高了，但也是因为我们觉得这东西必须是我们要求的样子，所以成本没多去考虑，从营造出它的市场环境来讲，它又是只能被少数人所接受的，而这些人拿到这东西以后，他会觉得这是一件他很喜欢很有趣的东西，而别人可能不会对它感兴趣，他才能创造出自己的个性。"蛋核"是由很多个部件组成的，一共三十几个部件，有人用着用着摆呀摆呀的，一些部件就坏掉了，因为部件太小了，摔一下磕一下什么的，就问我能不能多给我一只手。我其实是留了一堆手的，我就要问他你买的哪个版本的，他说我买的是黑的，我就寄给他一个蓝色的。然后他就出现一个情况：黑色的机身，蓝色的手。这就会跟别人的产生很大的不同。如果你熟悉"蛋核"你就会奇怪，这只跟我的不一样怎么是个蓝色的手，只有一个玩具真正分出这么多部件的时候，才能组合出很多不同的东西，然后才成为一个不同的个体。他说我把这个手弄丢了，然后他重新给了我一个……

+21： 这就有故事了。

W： 这就成为很有趣的事了。我后来邀请不同的人来改造这个东西，其实他们都有自己的故事，这个作品是怎么做出来的，现在部件有这么多，他可以每个部件上一个颜色，然后每个人都可以有自己的定制。当时我们坚持一定要把很多部件分开的原因，就是为了让它可以有更多的玩法。或者以后会出很多不同颜色的部件，你可以自己组合出不同的颜色出来，这就不再是买回来就是这样的，所有人都一样的。

+21： 还是回归到玩具了。现在很多昂贵的玩具买回来，刚拆开时很激动，但没什么可玩的东西，新鲜感很快就过去，两小时后，就成为一个摆设了，可能几年都不再动它。

W： 玩具本身，尤其像"蛋核"，我更看重它的象征意义，象征的是个性，就是你去买某件东西，就说明你对这件东西是有一定认识的，你喜欢它，你喜欢它的原因在于它代表的是你自己。你把它看做是描述你生活的一部分。有的人喝茶，有的人喝咖啡，它代表的是你自己的生活。这也是为什么大家都做的东西我不会去做，世界上需要的是有人创造出不同的东西。目前来看，喜欢"蛋核"的人还都是挺有趣的人，都是那种挺ge的人。不是那种上来就问：这个多少钱？一百块钱。一百块钱就买个这玩意儿！不是这种人。

+21： 还是小圈子的人在玩。

W：比如他拿到一个木头的版本，他会拿着仔细地看，很细致地研究每个细节，这种人会很喜欢"蛋核"，他能感受到生活的乐趣。

+21：其实有时候是他在把玩研究你这个东西的时候，发现我的梦想被你给实现了。

W：也确实有这样的人。我们在办展的时候，有人跟我们聊过，说：我们也在做类似的东西，看过你们的展之后，觉得我们可以不用做了。

+21：很多人都想做这样的东西，但都因为种种原因没做了。兴趣爱好有时候给你力量，但它又是个挺脆弱的东西。

W：如果别人去做这件事的时候，他可能面对的是跟我同样的状态，但他的处理方法跟我不一样，就导致了不同的结果。

+21：你们总算是做出来了。这是第一步。后来你们就开始做"重机派对"了。

W：对，后来找到很多人来做这个展，把大家做的东西都摆在一起展示出来，让大家感觉到他们不是自己单独在做，是大家一起做，让更多的人看到，对他们来说也是很有帮助的。我们这个"重机派对"已经办了两届了，参加的人也蛮多的，关键是大家都觉得有趣。大家都喜欢的东西，我何乐而不为呢？大家在一起喝喝茶聊聊天，总比在办公室敲键盘联系强多了。

+21："重机派对"之后你再做东西，这种乐趣跟以前相比有什么不一样吗？以前东西还没出来，你是憋着一口气，你会有一种期待，不知结果如何，现在呢，那种乐趣突然没了？

W： 其实每个阶段的乐趣是完全不一样的。东西做出来之后，首先觉得我这些年没白活，至少我把这事做成了。后面就可以做下一步的事情了。目前来说，"蛋核"的三个主创对这件事还是蛮上心的，觉得做这件事跟别的事不一样。接下来我们会出一些和蛋核相关的但又具有更多功能性的东西。

怎么好玩怎么来，自己觉得怎么对怎么来，
没准最后能成功

+21： 其实这些年也有很多年轻人要做这样的平台玩具，但他们可能不知道该如何入手，或者商业上如何操作。现在他们可以参考你们了。

W： 很多人做东西时，会先去看别人的东西。没必要这么做。我经常讲，你自己的生活是别人复制不了的，适合你自己个性的东西和适合你自己生活的东西，才是你自己独有的东西。这件事不需要你去模仿，你只要按照自己的想法去做出来就行。我也是突然有一天悟到了这个道理，然后就不再纠结我这个东西是不是没有人家的好看呀，不如人家的强啊，这些都无所谓了。

+21： 不要去比较。因为你之所以去比较，就是因为自己心里没有一个明确的概念。

W：我们现在做的东西，你说拿去跟市面上任何一款玩具比较，你怎么比？比价钱？比大小？没有什么可比性。大家喜欢这个东西是因为别人没做过这样的东西，跟别的玩具都不一样。

+21："重机派对"是之前的作业的总结，那之后会怎么发展呢？莫非继续出"蛋核"其他造型的玩具？

W：这个东西可以继续扩展到很多其他方面。现在玩具出来了，它已经有了自己的风格，然后我会做其他的东西，让它成为有用的东西，他买回来就不单单是个玩具，而是具有其他的功能。我们现在在考虑这件事情，让它不仅仅只是个在那摆着看的东西。

+21：开始让它有用。

W：它会使你的生活得到改变，买到它的时候会让人觉得，哦，这件东西是为我而创造的。比如以前有很多人，买了很多《太空堡垒》的玩具，还有很多周边的东西，像手机、椅子等，都是同一种风格的，是符合它的整个世界观的。比如我们做了一个耳机，就是和"蛋核"机器人耳朵的那个部件一样的，如果以后这些东西越做越多，我们甚至就可以把身边的所有的东西都换成这种风格的。

+21：也就是说你想建立一个体系出来。基于蛋核风格的产品体系。

W：我现在就是围绕这个主题来做，是后面所有事情的第一步。

+21：前些年很火的一些玩具，现在基本都见不到了，要么成为了收藏品，或者就此消失了。

W： 成功都是偶然的，失败都是必然的，这话虽然有点消极，反正我觉得很在理。你要是事先就看准了这事一定能成功，到最后也不一定能成功。但如果你是怎么好玩怎么来，自己觉得怎么对怎么来，没准最后能成功。

本文图片由采访对象提供

李登廷

李登廷，国内知名图形设计师，曾创办图形设计工作室SUPNATURE。作品和个人专访见国内主流青年杂志《1626》、《Yoho！》、《艺术与设计》、《URBAN》和Behance、Logology等国外知名网站。现创办独立服装设计师品牌"鹤"，并创立"善衣局"，善衣局是一个提炼中国传统文化的炼丹炉，然后再将其融入时尚前卫的设计。

从作品来看，李登廷高调得有点不像是这个星球的人，但这个穿扮异形的人其实很内向，说话慢条斯理，话不多，很朴实。

+21：杨军
L：李登廷
访谈地点：李登廷CRANE工作室

普通人的超自然是艺术家的真自然

+21： 这三年以来，你的作品风格变化很大，原来都是矢量的图形，现在基本都改用手绘了。对于潮流设计师而言，矢量的图形更加有利于图案的制作，比如印在衣服上还是更加依赖矢量图，而手绘的图案就受制作工艺限制很多，这种转变必然有原因吧？

L： 是的，因为之前我从事的是服装图案和面料图案的设计，所以会大量运用方便印刷制版的向量图，但是现在随着国内印刷工艺的提高，手绘位图效果的印刷也并不难实现，所以现在尽量将更能表达我想法的手绘运用到我的设计当中。而且手绘不容易被复制，减少被山寨的几率。

+21： 我在微博上看到你很多画好像都有很重的心理暗示。为什么会想到这些呢？

L： 我从小就开始学习绘画，其中的一个原因就是我想把我看到的一些东西画下来，但是当我画下来之后，家人会很惊异的问我为什么画这些，我才意识到好像我看到的他们看不到。我也不认为他们是鬼怪。比如树上会有一种软软的东西在动，微微发光，我问别人，他们说什么也没看到。我把这些东西都画出来，同学看了觉得不可理解，觉得我心理有问题。直至大学老师制止我，告诉我说他有同学也老画些怪异的，结果三十多岁时候自杀了，我才停止下来。后来看到日本的一部动画片，就讲了很多生活里面存在着怪异的生物，不是所有人都能看到，但通过很多灵异现象能感觉到它们的存在。我和这部动画片有强烈的共鸣，当时就在想我和这导演一定有相同的遭遇。

+21： 这么神奇？我什么也看不到……

L： 所以前两年我自己的图形设计工作室就叫做SUPNATURE。

+21： 我以前见到你的画都是一些像软体动物一样的藤蔓，还以为你找到了一个特别的表现环保的元素，然后冠上SUPNATURE这样一个与自然相关的名字。

L： 其实在前几年的作品里面，我也画了很多这种神秘的植物。后来我就很害怕软体动物，然后就想去画点其他的东西，画点可爱的东西吧。

+21： 长大了还画那些东西吗？

L： 现在没有了。

Easy Rider

去年还是潮人，今年成了古人

+21： 我看你前几年的作品很多都是武士啊，浮世绘风格的东西。

モンスター

大江戸

SAMURAI©

THE MONSTER NINO

www.jiukoushan.com/www.supernature.me

THE TRADITIONAL CODE OF THE JAPANESE SAMURAI, STRESSING HONOR , SELF-DISCIPLINE , BRAVERY, AND SIMPLE LIVING.

©SUPERNATURE™

DESIGN BY SUPERNATURE.,PRODUCED BY JIUKOUSHAN STUDIO.
MADE IN SHANGHAI,CHINA.2009

武士猫，矢量风格的图形容易复制到各种媒介上，利于传播，也是潮流品牌
需要的风格。

L：我参加了大学里的交换项目去了日本，前后半年多的时间。去日本
后就开始对日本的浮世绘感兴趣，研究了很多。

+21：日本的学生也对那些感兴趣吗?

L：他们有些没有兴趣，可能是太熟悉了，他们对西方的东西更感兴
趣。他们也有用涂鸦的形式，把传统的图案结合起来，画出来的东西也
很好看。就像我们对自己传统的东西都很熟悉了，就会习以为常，不以
为然，但你把很中国的东西拿到日本去，他们看到就都喜欢。

这时的作品已经开始向纯
手绘风格转变，画面不再
追求潮流的装饰感，而是
偏向描述自己的内心

+21: 就是得有差异化。现在大家喜欢日本韩国的东西，就是因为这种差异性，你做的东西别人都说有强烈的日本风格？

L: 之前做图形设计，运用到很多日本元素，因为那时候浮世绘还有日本的传统文化我都很喜欢，归根结底是对传统文化的喜欢，因为中国的传统文化都不知道去哪儿了，所以我现在正在做的事情就将中国传统元素发掘、提炼、再设计。希望能够让大家重新认识中国传统文化。日本的文化源自中国，但日本的设计发展比中国早很多，日本的设计师也想把日本传统的东西融入西方的设计理念中，日西结合，创造出独特的富有日本文化的设计来，或者叫"新日式"。这些年随着中国设计的发展，国内的设计师也必然会走中西结合的路线，现在不是推崇"新中式"设计吗？你会发现这种思路与日本的思路其实是一致的，毕竟两国的文化相近，不管新日式还是新中式，看起来确实很像。但毕竟日本走在前面，先入为主，大家就会说你做的东西很日本。所以你还得不断解释。比如原研哉为一个老字号清酒"白金"做了一个全新的设计，镜面不锈钢瓶身，没有任何装饰，极端简洁，"白金"二字印在瓶口处的白色小封条上。整个用的是西式的现代工艺，却感觉到标准的日式风格。老品牌借此获得新生。

+21: 是。中国现在的情况是传统的东西消失得很快，以至于到了现在要用保护的行为去挽留这些传统的存在，但这已经很被动了。只有把传统的东西变得有用，在我们的生活里用得到，才能说是真正的继承。就还说日本，人家不管怎么发展，但他们对传统还是保持得很好，而且现在还在用那些传统的东西，还保持那些古代的仪式。

L: 包括着装啊，他们都会很重视，他们参加仪式用的衣服就会非常非常

C R A N E

CRANE Studio形象概念

精致，不会像我们这样随便一件什么衣服就去了。

+21： 中国也很讲究仪式，但现在变成了走个形式。就像我们去参加朋友婚礼，穿什么的都有，按理来说是要穿正装吧，但是现在都无所谓。

L： 后来我想做自己的服装品牌，想要影响到人们的话，就是穿衣的观念，不是说穿衣服出来只是为了自己好看，你穿着得体，适合这个场合，对别人也是一个尊重。

+21： 其实大家对传统的东西还是依恋的，只是现在很难找到适合的产品。看起来很不错的传统的东西，但在家里没有地方摆，摆出来不协调，因为与家里的装修风格不匹配。要做到又复古又洋气，这是很不容易的。

L： 其实这就是一个度的问题。我们在玩一些东西的时候要拿捏好一个度，不要太过，也不要太浅。太浅的话，人家就感觉不到有什么特点。太过的话呢，人家会觉得你穿得像唱戏的。

+21： 我有一次在路上就见过一位军装发烧友。他全身美式军装，懂行的一看就知道他那身军装从头到脚都是有来头的，每样配件可能都是考据过的，但你就感觉他是不是在拍电影，他就这样在街上出现，看起来又不是在玩Cosplay，特别奇怪。跟地铁里的表演性质的"雅典娜"女郎还不一样，他是在正常的生活里。

L： 那是没有理解穿衣的哲学。如果喜欢军装，那就搭配一点军装的元素就行。

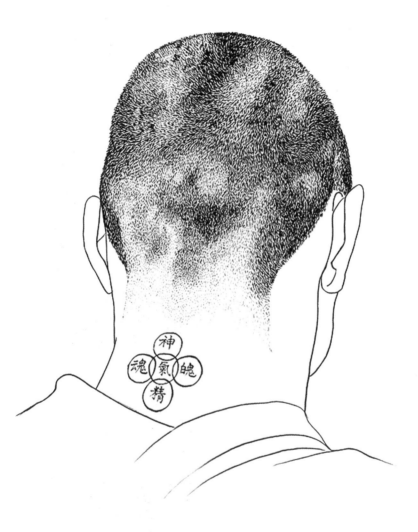

CRANE Studio形象概念

神 魂 氣 魄 精

CRANE

Copyright © Crane Studio. All rights reserved.

李登廷总是亲自示范自己制作的服装

五象仙衫

鹤仙包

金线绣富贵花开纹束腰

他的作品已经没法分辨前卫还是复古

品牌意识表现在各个细节上

粗布藏青羽织背部刺绣

总有人怀疑这种风格是日式，李登廷
强调其服装提取的都是纯粹的中国元
素，再融入实验性的设计理念

+21： 你很早就发现自己对服装有兴趣吗？你学的是平面设计，结果现在在做服装。还是后来的工作让你对服装有了兴趣？

L： 我是一直就喜欢捣鼓服装。但我不是科班出身，以前觉得做服装很困难，来到上海后，工作都跟服装有关，也看了很多，后来就退出公司自己做工作室，再后来就慢慢就定下做服装的方向。自己做样衣，然后会拿给裁缝去做。当然我也不是无师自通，一开始都是直接买成衣拆了，研究人家是怎么做的。比如袖片肩膀这里，缝起来看是个圆的，可是把它展开成平面，这里就是曲线，要用到函数来计算，买很多书来看，很复杂啊。我现在打版还要经常请教打版师傅。

+21： 这些衣服怕只有你才够胆穿得出去吧？

L： 也有很多人喜欢啊，产品未发售前就已经有两位国内知名的摄影师定制了。

+21： 你推广自己品牌的方式很简单，就是穿着自己做的服装自拍，然后发到微博上。为什么不像其他品牌一样，找模特、找摄影师拍大片，上杂志呢？还是你就追求这种"随意"？

L： 微博是一个第一时间交流的地方，我做出来作品也很想第一时间和大家分享。当然产品之后会有摄影师拍片。如果有杂志、媒体要了解，那很欢迎，哈哈。

+21： 特别的造型是一个产品迅速成功的一个方面，但更长远地来看，一个成功的品牌，更依赖的是产品的品质。你是一个对品质很苛求的

给自己的车改装和装饰是一大乐趣

他有很多硕大而且造型古怪的包，为了骑车时能够载物，更是因为前卫的造型才能配得上这辆车

车如其人或者人如其车

如此鲜亮的颜色就是为了惹人注目的

为骑车而做的卡通形象

手工做的各种骑行帽

"就爱骑车"海报，骑车已经是他生活的一部分

人，你自己的产品做到哪个程度了？

L：我自己对于产品品质的要求是如果能到100分，我肯定1分也不要它少。当然品质提高的另一面就是成本的提高，但是用缩小成本压低价格来做的品牌不是未来的趋势。

+21：一味追求品质，会导致成本激增，进而导致产品定价很高，反而可能打击消费，你怎么处理这个平衡？

L：现阶段还没有考虑过这些，只是单纯地想做好产品。增加成本肯定定价会提高，这也是定位客户群的一个问题。其实市场并不是便宜才好卖，当然前提是产品品质符合定价。

为飞车党而设计

+21：我发现你的生活和工作没法区分。天天穿着自己做的衣服，骑着那么打眼的车到处跑，回来又开始裁布、画画。很多人没法做到你这样，工作就是工作，生活就是生活，分得很清楚。

L：我喜欢在生活工作中寻找乐趣，其实驱使我自己动手做服装的其中一个原因也是因为骑车，我需要DIY很多骑车的配件，帽子，锁套什么的，后来才一发不可收拾开始自己设计服装。其实很多人的事业都是从兴趣中来的。

+21: 你这两年的变化基本都是从骑车开始的。你的画风也是自你骑车后突然有了变化，又开始做了那么多手工的东西。

L: 是的，现在看来确实是这样。开始骑车后，很多想法活跃起来了。以前上班只是为服装做一些图形设计，就是那些矢量的东西，骑车后就开始自己做一些个性的东西。现在我要做的东西更注重实用性和品质，不会像以前那样直接把一个硕大的图形印到T恤上。衣服上可能只要一点点设计的东西，放在某个角落就行，还是以体现衣服的舒适性和品质为主，很收敛。

+21: 这说明你对设计的理解从表面的东西开始转变为思考设计背后更深层次的东西了。这几年我也发现你有了很大的变化，就是开始往后退，可能是随着年龄的增长，看的东西多了，想的东西也多了。以前做东西可能特别注重形式，只要造型够怪，颜色够艳就好，而现在你画的画、做的东西比较讲究言之有物，就是纯形式的东西少了，设计讲得出道理来。

L: 骑车确实让我改变很多，一下就把很多东西串起来了，想通了很多事。后来我到很多地方去都会把车也带上，用骑车的方式来重新感受那些城市。也是骑车之后，对上海有了更多的认识。以前上班都坐车，下班就在家里。现在要去什么地方直接骑车去，路上会看到很多有意思的东西，也去了很多从来没去过的地方。

+21: 是的，路上的场景转瞬即逝，骑车就能随时停下来。有时开车路过一个地方，觉得这地方真好，这回赶时间，下回一定要来，其实很多时候根本就没有下一回。我们的人生也一样，我们只有下一站，没有下一回。

年轻就要多积累，少消耗

+21： 你是80后，却骑着这么贵的车，配着整套的苹果设备，还有时间自己做个帽子做个腰带，如今你又辞了职自己做工作室，你没有压力吗？或者你靠什么生活？

L： 目前自己的品牌项目正在起步，反正是自己的，进度自己掌握，我有个合作伙伴，他和我想法一样，做好产品是第一位，不用去想别的任何事情。中间也会接一些商业的项目，目前手上有个品牌要做店铺空间，也是老板比较喜欢我的东西，就叫我来做整体的形象。反正就是接一些商业的项目，来维持自己的项目。比如没钱做自己的东西了，就可以接个商业的活来做。

+21： 做商业的过程也是个积累，不是浪费。尤其对你来说，你把接手的商业项目都当自己的设计那样来做，可以积累很多经验。

L： 是，比如之前给Smart车做的这套植物花卉系列的东西，以前就没太画过。

+21： 你现在画这种植物花卉什么的，是信手拈来啊，很熟练了。现在年轻设计师都想做点自己的事，但是出于各种理由都不能实现，收入不多，还要买房……

L： 我觉得我这个年纪不是买房子的时候，而是需要积累的时候。积累更多的作品、积累各种各样的见识、积累人际关系……比如你要做高端的东西，你就要跟高端的东西和高端的人群接触，这样你做出来的东西才能被接受和认可。此外你还要了解各种层次的需求，这样才能看得比一般人要更高。为什么我们会被叫做设计师？设计的意思就是包装、美化、引领。如果说你把所有的钱、外加借钱买了房子，你就不会有这种玩起来的心态，每天都过得很小心。

+21：我看你都喜欢用最好的东西。本子一定要用Moleskine？

L：以前曾觉得在哪里画画不是都一样的？但后来东一张西一张就很多画都不见了，慢慢说觉得这些草稿也很珍贵，于是就开始接触这个牌子的笔记本。买来后发现里面的纸张很好，可以保存很长时间，以前用的本子放了几年就发霉了，现在用这个本子时我做得很用心，其实做很多事情都是这样。

+21：我以前那台G5电脑刚买来的时候，同事拆开机箱盖，我一下就震惊了：里面干干净净，绝对没有像PC机那样一把一把各种颜色的电线和插头。同事很得意，早就料到我的反应，带着炫耀的口气说：这就是苹果，连看不到的地方都做得那么细致。而我还注意到，他打开机箱盖只一抠，用了1秒，没用螺丝刀。

L：其实别人平时也不会打开来看，但是他万一打开，就会感到，哇，这个好厉害。好的设计也一样，是从细节入手，有没有诚意，你一打眼就能看出来。一件东西设计出来后，要维护你的设计，保持它的高品质形象，后者可能要花费的心思和时间更多。做好设计不容易，长时间地做好设计更不容易。

本文图片由采访对象提供

图书在版编目（CIP）数据

呔啰咯 / 杨军著 . 一 上海：上海文艺出版社，2012.6
（+21 系列丛书）
ISBN 978-7-5321-4476-1

Ⅰ . ①呔… Ⅱ . ①杨… Ⅲ . ①设计师 – 访问记 – 中国 – 现代
Ⅳ . ① K825.72

中国版本图书馆 CIP 数据核字（2012）第 124461 号

呔啰咯

杨 军著

总 策 划：顾 伟
丛书策划：赵 彦
责任编辑：毛静彦
装帧设计：杨 军

出版发行　上海文艺出版社
地址　　　上海市绍兴路 74 号（邮编 200020）
网址　　　www.shwenyi.com
印刷　　　上海文艺大一印刷有限公司
开本　　　889x1194mm 1/32
印张　　　3.75
版次　　　2012 年 6 月第一版
印次　　　2012 年 6 月第一次印刷
书号　　　ISBN 978-7-5321-4476-1/I · 3473
定价　　　27.00 元